ANALISI DEL LIBRO

Viaggio al termine della notte

Louis-Ferdinand Céline

ANALISI DEL LIBRO

Scritto da Hadrien Seret
Tradotto da Sara Rossi

Viaggio al termine della notte

LOUIS-FERDINAND CÉLINE

LOUIS-FERDINAND CÉLINE

MEDICO E SCRITTORE FRANCESE

- **Nato a Courbevoie (Francia) nel 1894**
- **Morto a Meudon nel 1961**
- **Opere degne di nota:**
    - *Morte a credito* (1936), *romanzo*
    - *Carne da cannone* (1949), romanzo
    - *Nord* (1960), romanzo

Louis Ferdinand Destouches, noto come Céline, è stato uno scrittore francese nato nel 1894 e morto nel 1961. È considerato uno dei maggiori romanzieri del XX secolo per le sue opere, tra cui *Viaggio al termine della notte* (1932) e *Morte a credito* (1936).

Medico di formazione, ha tratto l'ispirazione principale per le sue opere letterarie da un percorso di vita insolito che lo ha visto visitare diverse destinazioni (Inghilterra, Camerun, Stati Uniti) e provare diversi lavori. Le esperienze che ne derivarono servirono come base per la condanna delle difficoltà della sua epoca. Questo processo lo portò a formare opinioni difficilmente conciliabili (dall'assistenza sanitaria gratuita per i poveri al suo noto antisemitismo) che lo avrebbero reso uno degli scrittori più contestati della letteratura francese.

VIAGGIO AL TERMINE DELLA NOTTE

GLI ALTI E BASSI DI UNA CONDANNA

- **Genere:** romanzo
- **Edizione di riferimento:** Céline, L-F. (1983) *Viaggio al termine della notte*. Trans. Manheim, R. New York: New Directions Publishing Corporation.
- **1ª edizione:** 1932
- **Temi:** felicità, ricerca, viaggio, colonie, povertà, Prima Guerra Mondiale

Pubblicato nel 1932 e premiato nello stesso anno con il Prix Renaudot (premio letterario francese), *Viaggio al termine della notte* è il romanzo che ha portato Céline alla notorietà e gli ha garantito un posto di rilievo nella letteratura.

In questo libro, ricco della sua caratteristica prosa, lo scrittore denuncia il rifiuto del mondo (e in particolare dell'Europa dei ruggenti anni Venti) di vedere la propria povertà, a favore della corsa verso piaceri fantasiosi che non fanno altro che aggravare la situazione anziché migliorarla.

Attraverso l'esperienza del suo narratore, Bardamu, l'autore dipinge un'immagine spietata dell'epoca immediatamente successiva alla Prima Guerra Mondiale. È un ritratto originale e dissonante, che risente universalmente dei diversi percorsi dell'eroe.

SINTESI

Per fornire un riassunto il più chiaro possibile, abbiamo scelto di non seguire le divisioni utilizzate nel libro e di separare le sezioni per viaggio. La cronologia della storia è stata mantenuta.

PARIGI E LA PRIMA GUERRA MONDIALE

Parigi. In cerca di riconoscimento e per spavalderia nei confronti di un amico che lo accompagna, Ferdinand Bardamu decide di seguire una truppa e di arruolarsi nell'esercito. Tuttavia, la vita quotidiana di una guerra mondiale non è così eroica come si aspettava: scopre l'orrore e l'indegnità di una battaglia di cui non capisce né lo scopo né il funzionamento. Un giorno, durante una missione di ricognizione, si trova faccia a faccia con Robinson, una riserva dell'esercito la cui ambizione è quella di abbandonare l'arma. Poco dopo il loro incontro, Bardamu viene gravemente ferito e rimpatriato nella capitale francese.

Celebrato come eroe di guerra, Ferdinando gioisce per un breve momento della sua notorietà e cerca di dimenticare gli orrori che ha vissuto. Ma ben presto si rende conto dell'ipocrisia della situazione: il falso valore delle medaglie, l'entusiasmo di donne e infermiere che vanno a letto con lui solo per accaparrarsi la fama (ad esempio, Musyne) o anche la fretta con cui i soldati feriti creano stratagemmi per non tornare a combattere. Parigi stessa è l'immagine dell'ipocrisia imperante: la città è in pieno declino economico anche se tutto sembra andare bene. Nauseato da questa atmosfera e dalla sua condizione di soldato, Bardamu si riprende finalmente dopo altri due viaggi in ospedale. Più tardi, un altro incontro con Robinson spinge l'eroe a partire per un'avventura in Africa, nelle colonie.

LE COLONIE (FORT-GONO, TOPO)

Dopo un burrascoso viaggio in mare in cui viene quasi linciato dall'equipaggio e dai passeggeri, Bardamu sbarca finalmente a Fort-Gono. Lì scopre che la vita è molto più difficile di quanto avesse immaginato: non riesce ad acclimatarsi alle comodità precarie, al caldo soffocante, alle malattie e ai numerosi insetti insaziabili. Gli indigeni, dal canto loro, lo incuriosiscono molto ed egli divide il suo tempo tra l'osservarli e l'insultarli.

Motivato dal suo desiderio di successo, il protagonista riesce a trovare lavoro in una bancarella di Topo. Il viaggio è difficile e Bardamu è debole quando raggiunge la sua nuova destinazione e incontra l'uomo che deve sostituire, che si rivela essere nientemeno che Robinson. Quest'ultimo scappa di notte verso nuovi orizzonti, assicurandosi di portare con sé il chiosco.

Insieme a due colleghi (Alcide e Grappa), Bardamu conduce un'esistenza povera, costellata da improvvise febbri alte. Il giorno in cui la sua capanna inizia a bruciare, capisce che le colonie non gli porteranno la ricchezza che desidera: lascia quindi l'Africa per gli Stati Uniti.

STATI UNITI (NEW YORK, DENVER)

Nonostante la sua nave sia in quarantena, Bardamu riesce ad entrare nella città di New York. Lì scopre affascinato i grattacieli, Manhattan, Broadway, le banche, i negozi, il cinema scintillante, gli immensi alberghi e i labirinti (il *Laugh Calvin*) e, soprattutto, il dollaro, che paragona a un dio. Giorno dopo giorno, il narratore vede i suoi limitati risparmi coloniali dissolversi come neve al sole. Se in un primo momento riesce a estorcere denaro alla sua ex amante (Lola), deve presto rassegnarsi a trovare un altro modo per guadagnarsi da vivere. Così, parte per Detroit per trovare lavoro alla Ford. In questa azienda in rapida crescita, si trova ad affrontare la realtà del lavoro in fabbrica, con orari di lavoro esasperanti e una paga bassa. Fortunatamente, l'incontro e l'attaccamento alla prostituta Molly gli danno la forza di andare avanti.

Una sera incontra Robinson su un tram. Robinson convince il narratore a tornare in Francia, dove lo raggiungerà una volta risolta la sua situazione. Contro il consiglio di Molly, il narratore prende nuovamente il mare, questa volta in direzione della sua patria.

LA GARENNE-CLICHY

Passano molti anni. Ripresi gli studi e conseguita la laurea in medicina, Bardamu si stabilisce come medico a La Garenne-Clichy. Poiché questa città ha già molti medici, la vita è difficile per l'eroe, che spesso viene chiamato come ultima risorsa da clienti che non lo pagano. Questo servizio gratuito lo fa sembrare un cattivo medico. Tormentato dalla paura di non essere in grado di guarire gli altri, vede sfilare davanti a sé i guai del mondo: un aborto fallito, un travaglio andato male, i coniugi Henrouille che cercano di corromperlo per mandare la suocera in manicomio o persino l'amico Bébert che non riesce a salvare dal tifo. Come se non bastasse, Robinson, tornato in Francia, lo tormenta all'infinito con queste angosce. Robinson deve persino farsi curare d'urgenza dal suo vecchio amico, dopo che un elaborato piano da lui architettato allo scopo di uccidere la suocera degli Henrouilles gli si ritorce contro e si ferisce agli occhi. Con l'aiuto tempestivo del prete Protiste, Bardamu manda Robinson a Tolosa per riprendersi. Durante questo periodo, egli stesso fa il volontario in una piccola clinica prima di ottenere il ruolo di pascià in un piccolo cabaret parigino, che gli permette di scoprire il mondo dello spettacolo, le sue gioie e le sue tragedie.

Viene poi invitato a Tolosa da Robinson, che sta gradualmente riacquistando la vista e sta per sposare Madelon. La suocera degli Henrouilles sta bene e visita un lucroso caveau pieno di turisti mummificati.

Tornato a Parigi, Bardamu trova lavoro in un manicomio gestito da Baryton, uno psichiatra. Dopo che il narratore gli ha insegnato l'inglese, Baryton consegna a Ferdinand le chiavi del suo istituto e parte per la Gran Bretagna. Gestendo in qualche modo il suo nuovo lavoro con l'aiuto dell'amico Paraphine, Robinson si presenta un giorno all'istituto del protagonista, in cerca di un posto dove nascondersi da Madelon, che non tollera più e che non vuole sposare. Il medico è diplomatico e cerca di riconciliare la coppia, ma questo tentativo diventa tragico: di fronte al rifiuto categorico di Robinson di sposarla, Madelon gli spara e lui muore poche ore dopo tra le braccia di Bardamu.

STUDIO DEL CARATTERE

FERDINAND BARDAMU

Ferdinand Bardamu è il narratore e il protagonista principale di *Viaggio al termine della notte*. È una figura ricorrente nelle opere di Céline, in quanto lo si ritrova anche in altri libri in cui interpreta un eroe o un personaggio secondario (in particolare in *Morte a credito* e *La chiesa*).

Nel corso dell'opera, Bardamu si evolve. È possibile distinguere due fasi del suo sviluppo. La prima riguarda le tre sezioni iniziali e può essere considerata come la formazione della sua epoca. Possiamo notare che per ognuna delle tre sezioni, l'autore utilizza lo stesso schema narrativo, ovvero:

- Una fase di stupore in cui Bardamu costruisce le sue speranze per una vita migliore (l'immagine eroica dell'esercito, il lato avventuroso delle colonie, l'aspetto innovativo della modernità americana pionieristica).

- Fase di ritorno alla realtà: Le aspirazioni di Bardamu sono fermate da ostacoli (spesso finanziari) che gli impongono un duro esame di realtà (la ferita sul campo di battaglia, le febbri e la povertà in Africa, il faticoso lavoro alla Ford negli Stati Uniti).

- Una frase di critica: confrontandosi con la realtà delle cose (spesso attraverso il lavoro), Bardamu si rende conto che tutte le apparenze di una vita migliore che vede intorno a sé sono solo illusioni. Inoltre, vanno a vantaggio solo di alcune persone.

Questo triplice viaggio, che potremmo vedere come un rito di passaggio, evidenzia una delle caratteristiche principali di questo personaggio: l'impossibilità della felicità. Poiché la felicità ha un carattere illusorio nel mondo in cui vive, l'eroe non può registrare la sua gioia in modo duraturo. Lo vediamo chiaramente nella sua vita amorosa (si veda la situazione con Musyne, Lola o Molly) o nell'amicizia (nella relazione intermittente che condivide con Robinson o nell'amicizia con Paraphine che finisce nel silenzio).

La seconda delle fasi di sviluppo di Bardamu ha luogo nella quarta sezione, a Rancy. Scegliendo di diventare medico, l'eroe dà alla sua esistenza una certa consistenza, un punto di ancoraggio che pone fine agli alti e bassi delle prime tre parti. Come se volesse accentuare questo cambiamento all'interno del suo personaggio, Céline inserisce un intervallo di diversi anni, in modo che il lettore si trovi subito di fronte a un Bardamu molto più maturo. Non è più un attore di una storia, ma un osservatore della sofferenza di cui si è reso conto (ad esempio, le descrizioni molto dettagliate dei tormenti dei malati che vengono a trovarlo) e che cerca di alleviare a modo suo.

LÉON ROBINSON

Léon Robinson è un personaggio particolare in *Viaggio al termine della notte*. Uomo misterioso, Robinson è un personaggio alla costante ricerca di quella felicità illusoria a cui introduce Bardamu e che quest'ultimo finisce per rifiutare. Nella prima parte del racconto, egli assume il ruolo di guida che apre le porte alle esperienze dell'eroe, al punto che Bardamu lo considera un modello da seguire per raggiungere il successo. È quindi stupito dalla sua sfortuna negli Stati

Uniti: "Quello che non mi aspettavo è che anche lui fosse un fallimento in America. È stata una sorpresa" (p. 200).

Robinson non ottiene nulla nonostante la sua perseveranza. Tuttavia, il suo desiderio di vivere felicemente (e di essere ricco) è così forte da spingerlo ad accettare ogni tipo di incarico, anche il più sordido: ad esempio, lo vediamo preparare una trappola per uccidere la suocera degli Henrouilles nella speranza di guadagnare una grossa somma di denaro. Tuttavia, come Bardamu, Robinson è colpito dall'impossibilità di raggiungere la felicità qualunque cosa faccia (lo si vede nella sua storia d'amore con Madelon). Ma nonostante le sue numerose mancanze, rifiuta di cambiare e si aggrappa a un obiettivo che non raggiungerà mai, cosa che Bardamu gli rimprovera con forza: "Sei un borghese! Glielo dissi alla fine […]. Pensi solo ai soldi… Quando avrai recuperato la vista, sarai il peggiore di tutti" (p. 339). Così, l'abnegazione e l'altruismo che il medico mostra nella quarta sezione si oppone all'appetito dell'avventuriero per la ricchezza e al suo desiderio di godere di piaceri temporanei. Questo antagonismo innesca la progressiva rottura della loro amicizia e un'inversione di ruoli nel loro rapporto: vediamo Robinson diventare dipendente da Bardamu, contrariamente a quanto accadeva in precedenza (lo vediamo quando Bardamu accetta di nascondere l'amico nel suo manicomio).

Tuttavia, Robinson finisce per liberarsi da questa illusione di felicità rifiutando le ultime avances di Madelon. Ma per un personaggio completamente concentrato su questa illusione, questo atto non può che concludersi con la morte.

ANALISI

VIAGGIO AL TERMINE DELLA NOTTE: SPIEGAZIONE DEL TITOLO

Se, alla fine del romanzo, la scelta di inserire la parola "viaggio" nel titolo è chiaramente giustificata, l'associazione di "notte" e soprattutto di "fine", mai realmente esplicitata, può sorprendere o addirittura spiazzare il lettore. Non è che il buio sia assente dalla trama: al contrario, è onnipresente, sia come semplice indicatore spazio-temporale sia nelle metafore, a volte positive, a volte negative (la notte come momento di relax o di sogno; la notte come portatrice di solitudine o di ansia, ecc.) Tuttavia, attraverso una frase particolare, Céline punta a una migliore comprensione: "La vita è questo, un po' di luce che mette fine alle tenebre" (p. 294). L'atmosfera notturna simboleggia un'atmosfera in cui né la vita né i desideri materiali e psicologici possono sopravvivere. Così, i viaggi di Bardamu e Robinson per ottenere la felicità assomigliano a una missione impossibile, perché cercano di avere qualcosa che non esiste.

Nella stessa idea generale, rifiutare – come fanno i due protagonisti – questa logica sull'illusione che governa il mondo, significa rifiutare di vivere. Di conseguenza, la "fine della notte" è, semplicemente, morire: Robinson si tuffa a capofitto in questo finale, mentre Bardamu rimane semplicemente sul confine, con la mente lucida sulle leggi che regolano la sua esistenza, ma senza rifiutarle del tutto (come si vede nella sua avventura con Sophie), permettendogli di raccontare al lettore la storia della sua vita.

IL CONTESTO DEL TESTO E DELLA CONDANNA: L'INIZIO DEL XX SECOLO

Viaggio al termine della notte non è solo la storia di un rito di passaggio e delle sue conseguenze. È anche un vibrante atto d'accusa nei confronti dell'inizio del XX secolo, un'epoca ritratta come in piena crisi e crogiolata in una sorta di gioia artificiale, che permette alle persone di non accorgersi di tutta l'indigenza che le circonda.

Questa condanna appare nelle quattro sezioni dell'opera, ognuna delle quali riflette una realtà molto specifica.

PRIMA PARTE: LA PRIMA GUERRA MONDIALE

Céline evidenzia due idee nella sua descrizione del conflitto:

- Il primo è la carneficina che un simile conflitto provoca e la mancanza di comprensione delle ragioni che hanno portato ai combattimenti ("Per quanto potessi cercare nella mia memoria, non avevo fatto nulla ai tedeschi", p. 7).

- Il secondo è la volontà della popolazione parigina di dimenticare che è in guerra e di vivere come se nulla fosse. Céline critica con particolare forza la sete di fama delle infermiere, la codardia dei soldati feriti, lo splendore della notorietà e coloro che traggono profitto dalla guerra (come Madame Hérote).

Céline deplora quindi nel suo testo il lato artificiale della vita: non c'è vero amore o vero eroismo, ma solo un'atmosfera di sofferenza che tutti ignorano rivolgendosi a false gratificazioni.

SECONDA PARTE: LE COLONIE

In questa sezione, lo scrittore cerca di rompere gli stereotipi delle colonie come una sorta di "El Dorado" esotico. Ritrae le compagnie francesi come avide di ricchezze che non esitano a sfruttare gli indigeni nei modi più duri. Descrive anche i cosiddetti coraggiosi avventurieri che non sono altro che stranieri che soffrono per il clima e vittime della speranza di una rapida fortuna che si rivela irreale. Questa descrizione è anche l'occasione per l'autore di chiedersi se siano più gli indigeni o i non indigeni a essere selvaggi.

TERZA PARTE: IL SOGNO AMERICANO

Gli anni che seguono la Prima Guerra Mondiale si rivelano prosperi per gli Stati Uniti. Il Paese è in piena crescita economica e vede la sua tecnologia, così come le sue città, progredire rapidamente: il simbolo d'eccellenza di questa doppia dinamica è indiscutibilmente Detroit, che si sviluppa sotto l'autorità delle rinomate fabbriche Ford. Ma queste aziende hanno bisogno di una forza lavoro colossale. Questa deriva dallo spopolamento dell'America rurale, ma anche dalle molte persone che lasciano l'Europa in rovina nella speranza di una vita migliore. Il più delle volte, però, li attende solo un lavoro noioso e mal pagato. Sfruttati fino all'osso dai loro datori di lavoro, non sono altro che una massa disumanizzata e automatizzata che lavora per il benessere di pochi. È questa disumanizzazione che Céline critica; un'opinione opposta in un'epoca in cui tutti erano affascinati dall'America.

QUARTA PARTE: LA POVERTÀ DELLA CLASSE OPERAIA (RANCY)

Qui Céline dipinge il ritratto di una classe operaia urbana che soffre i peggiori dolori nel più completo anonimato. Mette anche in evidenza la scarsa considerazione che il protagonista principale subisce nonostante il sollievo che cerca di dare a questa classe sociale. Quest'ultima sezione di *Viaggio al termine della notte* è il motivo per cui si dice spesso che il romanzo è rivolto alla classe operaia.

UNA TRAMA SCRITTA CON UNO STILE UNICO

Uno dei tratti distintivi di Louis-Ferdinand Céline è senza dubbio il suo stile di scrittura: utilizza la trascrizione scritta del linguaggio popolare e parlato. Sebbene questo procedimento sia di per sé tutt'altro che originale (era già stato utilizzato da autori come Eugène Dabit), l'autore si distingue tuttavia per il fatto di utilizzarlo in tutto il libro e non solo nei dialoghi. Questa scelta non è di poco conto: dimostra la volontà dello scrittore di riprodurre per iscritto l'emozione della conversazione quotidiana. Adottando tale posizione, egli si pone deliberatamente in una posizione delicata rispetto agli autori classici, il cui stile di scrittura ritiene troppo astruso e freddo.

La frase seguente è un buon esempio di questo stile particolare:

> *"Non ero mai riuscito a digerire la campagna, l'avevo sempre trovata squallida, quei campi infiniti, quelle case dove non c'è mai nessuno, quelle strade che non portano da nessuna parte" (p. 8).*

In effetti, all'interno di questa citazione troviamo molti tratti popolari come le inutili ripetizioni (ad esempio, la ripetizione di "quelli") e l'uso di contrazioni ("io", "nessuno", "non"). Tuttavia, questa scelta stilistica non impedisce una certa meticolosità nella scrittura: ad esempio, in questo estratto, possiamo notare un'anafora.

ULTERIORI RIFLESSIONI

ALCUNE DOMANDE SU CUI RIFLETTERE...

- In *Viaggio al termine della notte*, il personaggio di Robinson è una guida, un segno o un antieroe? Spiegate la vostra risposta.

- Quali argomenti potrebbero convincere il lettore che Bardamu è un personaggio di fantasia? E quali argomenti potrebbero essere utilizzati per dimostrare che è l'alter ego dell'autore?

- Perché Céline è interessata a scrivere di un evento come la Prima Guerra Mondiale?

- Spiegate come ognuno dei luoghi visitati da Bardamu offra a Céline la possibilità di condannare una cosa particolare.

- In che modo possiamo dire che il romanzo si apre e si chiude nel silenzio? In che modo questa analisi conferisce un'altra dimensione alla storia di Bardamu?

- Tenendo conto dell'epoca in cui il romanzo è stato scritto, possiamo considerare le osservazioni di Bardamu sui neri in Africa come razzismo?

- Come facciamo a sapere che il lavoro di medico di Céline ha un ruolo fondamentale nella trama e nel suo sviluppo?

- In che modo il contrasto tra la modernità americana e la disumanizzazione degli operai della Ford è rappresentativo del concetto di Céline sull'illusione della felicità?

- In che modo l'apparizione dell'altruismo di Bardamu e la conferma dell'avidità finanziaria di Robinson possono essere paragonate a un viaggio condiviso che si divide in due?

ULTERIORI LETTURE

EDIZIONE DI RIFERIMENTO

Céline, L-F. (1983) *Viaggio al termine della notte*. Trans. Manheim, R. New York: New Directions Publishing Corporation

STUDI DI RIFERIMENTO

Alméras, P. (2004) *Dictionnaire Céline*. Parigi: Plon.

De Phalèse, H. (1993) *Guide de Voyage au bout de la nuit: Voyage au bout de la nuit à travers les nouvelles technologies.* Parigi: Nizet.

Latin, D. (1988) *Le Voyage au bout de la nuit de Céline: roman de la subversion et subversion du roman: langue, fiction, écriture.* Bruxelles: Palais des Académies.

Morand-Devillier, J. (2010) *Les idées politiques de Louis-Ferdinand Céline*. Parigi: Écriture.

Vitoux, F. (1978) *Céline*. Parigi: Pierre Belfond.

Vogliamo sapere da voi!
Lasciate un commento sulla vostra biblioteca online
e condividete i vostri libri preferiti sui social media!

Perché scegliere Must Read?

Scoprite tutto quello che c'è da sapere su un libro, con i nostri riassunti e le nostre analisi concise e approfondite!

Scoprite il meglio della letteratura sotto una luce completamente nuova!

MUST READ ANALISI DEL LIBRO

Lo straniero
ALBERT CAMUS

MUST READ ANALISI DEL LIBRO

Il Grande Gatsby
FRANCIS SCOTT FITZGERALD

MUST READ ANALISI DEL LIBRO

Una bottiglia nel mare di Gaza
VALÉRIE ZENATTI

MUST READ ANALISI DEL LIBRO

Vorrei che da qualche parte ci fosse qualcuno ad aspettarmi
ANNA GAVALDA

MUST READ ANALISI DEL LIBRO

Il conte di Montecristo
ALEXANDRE DUMAS

MUST READ ANALISI DEL LIBRO

Il profumo
PATRICK SÜSKIND

www.50minutes.com

www.50minutes.com

Master ISBN: 9782808689786
ISBN cartaceo: 9782808611183
Deposito legale: D/2023/12603/1398

Copertura: © Primento

Concezione digitale a cura di Primento, il partner digitale degli editori.